Apprendre à bien négocier : mode d'emploi

Martin KURT

ISBN: 1500251658
ISBN-13: 978-1500251659

SOMMAIRE

REMERCIEMENTS

Je tiens à vous remercier pour la confiance que vous me portez en achetant aujourd'hui mon ouvrage. Je tiens également à remercier **Cyril QUIEVREUX**, pour l'image de couverture de ce livre, ainsi que l'ensemble de mes proches qui m'ont aidé de près ou de loin à la réalisation de ce livre.

J'espère que cet ouvrage vous apportera entière satisfaction dans votre projet d'apprendre à négocier. Si vous avez une remarque, une question, n'hésitez pas à me contacter depuis mon blog candix.fr. Cela me permettra de vous aider dans vos projets et à améliorer la qualité de cet ouvrage en tenant compte de vos remarques. **Bonne lecture à vous.**

NÉGOCIER :
À QUOI ÇA SERT ?

« Savoir écouter est un art. Savoir négocier, c'est maîtriser cet art »

Guy Cabana

La vie coûte de plus en plus cher. Entre d'un côté l'inflation larvée, les prix de l'immobilier qui explosent, les impôts qui ne cessent d'augmenter, et de l'autre côté des salaires qui stagnent, sur fond de chômage de masse et de crise économique, le pouvoir d'achat est en berne. En 2012, pour la première fois en près de 30 ans, le pouvoir d'achat en France a reculé, et cela risque de ne pas aller de l'avant, comme le montre ce qui se passe dans un nombre croissant de pays Européens : Islande, Espagne, Grèce, Portugal, Irlande, Chypre… la liste se rallonge un peu plus chaque jour…

Face à ce problème, vous avez deux manières de réagir. Vous pouvez être défaitiste, et vous plaindre du fait que la vie devient de plus en plus chère et difficile… ou vous pouvez agir, pour augmenter votre pouvoir d'achat à votre niveau.

Comment ? Pour augmenter votre pouvoir d'achat, vous pouvez par exemple

- **Faire des heures supplémentaires** (mais c'est fatigant, et pas forcément toujours possible ni conciliable avec une vie de famille)

- **Négocier une augmentation** (mais ce n'est pas toujours possible)

- **Changer de travail** (mais cela n'est pas facile et pas toujours possible)

- **Créer une entreprise** (bonne idée, mais pas toujours facile dans la pratique)

Il existe pourtant un moyen souvent inexploité pour augmenter votre pouvoir d'achat : **apprendre à négocier.**

Pourquoi apprendre à négocier ?

Comme le dit l'adage, « si vous ne demandez pas, vous n'obtiendrez rien ». Certes, négocier n'est pas une tradition française, mais négocier est une compétence qui vous sera extrêmement utile dans la vie de tous les jours, pour faire d'énormes économies.

Négocier pour faire des économies : 3 exemples

Par exemple il y a quelques années, lorsque j'ai acheté une voiture d'occasion, j'ai réussi à économiser 400€ en négociant environ 30 minutes avec le vendeur. Soit 800€ de l'heure. J'ai gagné plus en 30 minutes de négociation que ne gagne un Smicard en une semaine.

J'ai aussi économisé près de 90€ en 30 minutes de négociation (180€ de l'heure) lorsque j'ai acheté un nouveau téléphone portable dans le cadre d'un renouvellement de mon abonnement téléphonique, en négociant un rabais sur le prix d'achat du nouveau téléphone auprès du service client…

Un ami quant à lui a économisé plus de 10 000€ (8 mois de SMIC) en quelques dizaines d'heures à peine de négociation, lorsqu'il a renégocié le taux d'intérêt de son crédit immobilier auprès de son banquier.

Négocier dans la vie de tous les jours

Bref, négocier est un très bon moyen d'économiser plusieurs dizaines, centaines voire milliers d'euros de l'heure.

Négocier vous aidera également dans la vie de tous les jours. En effet, la vie quotidienne est faite de négociation et de concessions comme le montrent ces quelques exemples :

- Décider quel film vous allez regarder ce soir
- Décider à quelle heure vous allez manger
- On va manger une pizza ou dans un resto chinois ce soir ?
- Décider où vous allez partir en vacances cet été…
- Fixer une date de RDV chez le dentiste

Sans négociation et sans concessions, la vie serait tout simplement impossible. Alors que ce soit pour des raisons économiques (faire des économies), des raisons professionnelles, ou des raisons personnelles, apprendre à négocier vous permettra de rendre votre vie plus facile.

Ce qu'apprendre à négocier vous apportera

« La négociation a le pouvoir de transformer les gens à tout jamais. »

Guy Cabana

Apprendre à négocier vous ouvrira d'énormes portes dans la vie. Savoir négocier vous permettra de :

- Économiser des centaines/milliers d'euros chaque année

- Développer votre confiance en vous-même en apportant vos idées plutôt que de subir passivement le choix des autres

- Désamorcer les tensions et limiter les disputes au sein de votre couple/famille ou les conflits au sein de votre entreprise

Alors, vous avez envie d'apprendre vous aussi à négocier ? Alors, lisez la suite de ce livre pour apprendre vous aussi à négocier comme un pro.

Ce que vous allez trouver dans cet ouvrage

Pour vous apprendre à négocier au mieux, l'ouvrage alterne entre :

- **La théorie**, basée sur des recherches sur Internet et sur les cours de négociation que j'ai pu suivre en école de commerce

- **Les conseils pratiques**, basés sur ma propre expérience et celle de mes proches…

Malgré tous les efforts que j'ai réalisés pour écrire ce livre, des erreurs ou imprécisions peuvent subvenir. Les éléments contenus dans cet ouvrage sont écrits à titre informatif uniquement et doivent être considérés comme tels.

Annotations

Ce livre ayant pour vocation d'aborder la négociation de façon globale et générale, nous n'entrerons dans les détails que lorsque cela est strictement nécessaire.

Afin de vous permettre d'approfondir la réflexion et d'en savoir plus sur la négociation, vous trouverez en fin d'ouvrage un certain nombre de lectures de référence, indiquées tout au long de ce livre par des notes de renvoi numérotées (exemple[1]).

INTRODUCTION

« Ne négocions jamais avec nos peurs. Mais n'ayons jamais peur de négocier »

John Fitzgerald Kennedy

Ce n'est généralement pas dans la culture française de négocier. C'est une chose regrettable. En effet, **négocier est une piste d'économie souvent négligée.** Comme le dit l'adage populaire, les petits ruisseaux font les grandes rivières, et apprendre à négocier vous aidera à économiser, euro après euro, d'énormes quantités d'argent.

En outre, comme nous l'avons vu en introduction de ce livre, chacun d'entre vous est amené à négocier en permanence dans la vie quotidienne. Savoir négocier vous aidera donc à mieux vendre (si vous êtres commerçant ou commercial), mieux acheter et faire des économies, et savoir vous affirmer vis-à-vis de vos amis ou de votre famille.

Pour cette raison, nous allons voir au cours de cet ouvrage quelles sont les grandes étapes et techniques pour bien négocier.

Mais avant de vous expliquer comment bien négocier, laissez-moi vous poser une question.

Combien vaut votre temps ?

Accepteriez-vous de négocier 5 minutes pour acheter un objet à 3€ au lieu de 5€ ? Un objet à 498€ au lieu de 500€ ? La plupart d'entre vous me diront sûrement oui à la première question (économiser 2€ sur un objet vendu 5€, c'est presque diviser le prix par 2) et non à la seconde question : **pourquoi négocier pour si peu (498€ au lieu de 500€)** ?

Pourtant, dans les 2 cas, l'enjeu est le même – économiser 2€ - et l'effort à mettre en place – négocier durant 5 minutes - est le même. Pourquoi dans ce cas la majorité des gens accepte de négocier dans le premier cas et pas dans le deuxième cas ? Car on a tendance à relativiser le gain : 2€ semble plus gros comparé à 5€ que comparé à 500€. Mais c'est une erreur de penser ainsi. Peu importe le prix initial de l'objet que vous être en train d'acheter, 2€, c'est 2€. Or, 2€ gagnés en 5 minutes revient à gagner 24€ de l'heure.

Si vous gagnez le salaire médian en France, c'est-à-dire 1 600€ par mois, vous gagnez un salaire horaire net de 9€ de l'heure (en prenant compte une journée de travail de 9 heures, temps de transports compris) avant impôts sur le revenu et impôts locaux.

Dans l'exemple de négociation ci-dessus, négocier est presque 3 fois plus rentable que votre travail salarié.

Résumons : Gagner de l'argent en étant salarié est difficile. Entre les impôts, les cotisations sociales, les actionnaires et vos chefs, il ne reste souvent pas grand-chose pour vous au final. Pour cette raison, pensez à négocier, même des petites sommes. Après tout, 1€ d'économisé en négociant, c'est 1€ dans votre poche.

Enfin, négocier est souvent extrêmement rentable. Économiser 2€ en négociant 5 minutes avec un vendeur, c'est gagner 24€ net de l'heure – soit 3 fois plus que le SMIC horaire.

Certains diront : oui, mais si ça ne marche pas ?

La négociation est un jeu qui se joue à deux, et vous ne pouvez pas gagner à tous les coups, bien sûr. Mais revenons à l'exemple précédent. Même si lorsque vous négociez, cela ne marche qu'une fois sur deux, vous aurez largement rentabilisé votre temps : c'est encore 12€ de l'heure de gagnés (24€ de l'heure une fois sur deux).

Et puis, si vous devez retourner régulièrement chez ce commerçant par la suite, il y aura de fortes chances qu'il vous fasse un prix d'ami sans même que vous ayez à négocier avec lui à chaque fois…

Et lorsque vous échouez dans vos négociations, ne voyez pas cela comme du temps perdu, mais comme l'opportunité d'apprendre à mieux négocier la prochaine fois.

Bref, pensez à négocier. Une chose est sûre : vous n'avez rien à perdre à tenter votre chance, et tout à gagner. Ce qui est sûr, c'est que si vous ne tentez rien, vous êtes sûr de ne jamais rien gagner.

À titre personnel, j'ai déjà gagné plus de 100€ voire près de 1 000€ de l'heure comme je l'explique dans l'article « Négocier, c'est rentable » accessible à l'adresse suivante : www.bit.ly/1nji9RZ

À retenir

Beaucoup de gens ont peur de négocier, par peur d'échouer ou par peur d'importuner leur interlocuteur. **C'est une erreur.**

Évidemment, négocier est un jeu où on ne peut pas gagner à tous les coups. Mais d'une part, lorsque vous raterez une négociation, ce sera l'occasion d'apprendre de vos erreurs pour faire mieux la prochaine fois. Et enfin, les « bénéfices » que vous retirerez des négociations réussies compenseront largement les « pertes » causées par les négociations ratées.

QUAND NÉGOCIER ?

« Négocier, c'est l'habileté de comprendre les besoins d'autrui. »

Guy Cabana

On l'a vu, négocier facilite la vie, et est l'un des moyens les plus rentables et les plus rapides pour gagner et/ou économiser de l'argent. Pour cette raison, tentez de négocier dès qu'une opportunité se présente, pour une raison simple : même en lisant de nombreux ouvrages sur la négociation, ce n'est qu'avec la pratique que vous deviendrez un bon négociateur. Après tout, c'est en forgeant qu'on devient forgeron.

Où ne pouvez-vous pas négocier ?

Ceci étant, on ne peut pas négocier partout évidemment. Il ne me viendrait pas à l'idée de négocier le prix de vos courses auprès de la caissière du supermarché. Pourquoi ? Tout simplement, car la caissière ne dispose d'aucun pouvoir décisionnel. Bref, il est souvent inutile de chercher à négocier vos achats dans les magasins en franchise, dans les grandes enseignes de distribution ou dans les centres commerciaux.

Où pouvez-vous négocier ?

Par contre, tout magasin indépendant est source de négociation possible, car le patron – généralement présent dans le magasin – préfèrera généralement accepter un petit rabais et gagner de façon sûre un petit bénéfice que prendre le risque que vous quittiez le magasin sans rien acheter.

Autre endroit où vous pouvez négocier : vous pouvez négocier des avantages auprès de votre opérateur téléphonique : il y a quelques années, j'avais ainsi négocié un **rabais de 87€ lors du renouvellement de mon téléphone portable.**

J'ai simplement appelé l'hotline de mon opérateur téléphonique et leur ai expliqué que j'étais un bon client – avec chiffres de mes factures mensuelles à la clé – et leur ai simplement demandé quel geste commercial ils pouvaient me faire…

Au début, ils m'avaient dit qu'ils ne pouvaient rien me proposer, mais en insistant un peu, j'ai obtenu 87 euros de rabais (en 30 minutes de négociation), soit environ 174 euros de l'heure… Bref, négocier vous permettra de gagner de l'argent très rapidement et très facilement, comme l'illustre le graphisme ci-dessous :

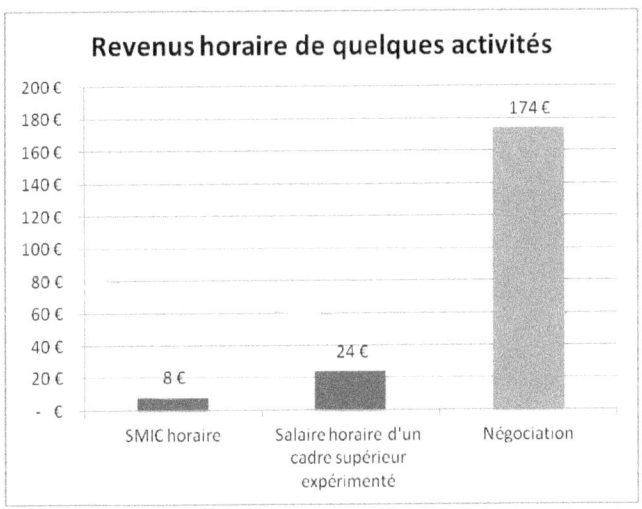

Une chose est sûre, si je ne leur avais rien demandé, je n'aurai rien obtenu.

De même, les banquiers ont souvent un large pouvoir : les frais bancaires ou les agios peuvent allègrement être négociés. J'ai déjà fait sauter jusqu'à 100€ de frais simplement en appelant mon banquier. S'il refuse, vous pouvez le menacer de partir voir la concurrence, ou mettre en avant les points forts de votre compte. Me concernant, je suis un client de longue date (presque 20 ans dans la même banque), j'ai un revenu plutôt confortable, et la plupart de mon entourage est client dans la même banque. J'ai donc 3 outils dont je peux utiliser pour faire pression lorsque je cherche à négocier quelque chose avec mon banquier.

Chaque fois qu'il me fait payer des frais, je lui demande gentiment de les supprimer. 90% du temps, ça marche, même si cela nécessite parfois 3 ou 4 appels avant qu'il ne me supprime ces frais.

Lorsque vous négociez, n'abandonnez donc pas au premier obstacle qui se présente à vous, il suffit souvent de persévérer un peu pour parvenir à mes fins.

À retenir

Pour qu'une négociation puisse s'avérer fructueuse, encore faut-il que votre interlocuteur en face de vous dispose d'une marge de négociation et d'une capacité de décision. Privilégiez donc la négociation auprès d'entrepreneurs ou de commerçants indépendants, ainsi qu'auprès des entreprises soumises à la concurrence (banques, téléphonie mobile), plus enclines à accepter de négocier avec vous pour vous garder en tant que client.

COMMENT NÉGOCIER ?

« C'est une erreur d'entrer une négociation sans savoir qu'il faut
partager. »

Guy Cabana

La base même de la négociation consiste à ce que chacune des 2 parties trouve son intérêt à négocier (négociation gagnant/gagnant). Par exemple, si vous négociez un achat auprès d'un commerçant que vous fréquentez régulièrement, il aura sans doute tendance à accepter, en se disant « j'offre un rabais à un client fidèle en échange de quoi ce client continuera à acheter chez moi et pas chez mon concurrent » , ce qui donne au final une négociation gagnant/gagnant : vous donnez votre fidélité au commerçant en échange de quoi le commerçant vous donne un rabais.

Si vous négociez un achat auprès d'un commerçant que vous ne verrez qu'une fois dans votre vie (exemple : acheter une voiture/une maison...), le commerçant n'aura aucun intérêt à vous accorder un prix plus bas pour vous fidéliser (car même s'il vous fait un prix d'ami, cela ne vous fera pas revenir pour autant), mais pourra vous accorder un rabais en échange d'une vente rapide par exemple.

Bref, pour qu'une négociation soit fructueuse, **ne cherchez pas à tirer toute la couverture sur vous**, surtout si vous êtes amené à revoir votre interlocuteur à l'avenir, car à agir ainsi, tout ce que vous gagnerez sera d'avoir une réputation exécrable, et le monde est plus petit que vous pouvez l'imaginer.

Cherchez avant tout à comprendre les besoins et les attentes de votre interlocuteur, et négociez de manière à ce que les attentes principales de votre interlocuteur comme les vôtres soient remplies à la fin de la négociation.

Le concept du rapport de force

« Le lion ne négocie pas avec la gazelle »

Lorsque vous négociez, pensez à faire en sorte que le deal final soit satisfaisant pour vous comme pour votre interlocuteur. Mais prenez également en compte le rapport de force entre vous. Si le rapport de force est de 1000 contre 1 (vous : 1), il vous sera extrêmement difficile à négocier. Par contre, si le rapport de force vous est plus favorable, la marge de négociation existe.

Bref, lors de votre négociation, prenez en compte l'aspect « gagnant/gagnant » d'une négociation réussie, ainsi que le rapport de force (en votre faveur ou en votre défaveur), sans sous-estimer vos forces. Il est en effet possible de négocier même auprès de multinationales comme vous allez le lire maintenant :

Exemple : Négocier le prix d'achat d'un nouveau téléphone lors d'un renouvellement d'abonnement téléphonique

Pour reprendre l'exemple de mon téléphone portable, je vais vous expliquer comment ça s'est passé :

Au début, je souhaitais obtenir 150€ de rabais pour mon nouveau téléphone portable (téléphone vendu en renouvellement 150€, je voulais l'obtenir pour 1€…). Au final, après 30 minutes de discussion avec une responsable du service client chez mon opérateur téléphonique, j'ai obtenu 87 euros de rabais.

Mais pourquoi diantre mon opérateur téléphonique m'a donné un rabais, alors que rien ne les y oblige, et que le rapport de force penche clairement en leur faveur (une multinationale vs un simple consommateur) ?

C'est très simple : au moment de mon appel au SAV, mon contrat s'arrêtait 6 mois plus tard, et je pouvais aller signer chez le concurrent à la fin de mon contrat. Or, étant souvent à l'étranger et n'ayant pas de téléphone fixe, je payais à l'époque en moyenne 80€/mois de facture téléphonique.

Soit sur un contrat de 24 mois, environ 2000€. Si l'on considère une marge nette de 25%, me perdre coûte 480€ à mon opérateur (2 000€ * 25% = 480€ de bénéfices sur la période).

Comme le nouveau téléphone supprime de facto l'ancien contrat restant, en me concédant un rabais, ils me fidélisent en réalité que pour 18 mois. Or 18 mois de contrat rapportent 360€ de profit à l'opérateur téléphonique (80€/mois * 18 mois * 25% de marge nette). Donc tout rabais inférieur à 360€ est intéressant pour mon opérateur téléphonique, car cela leur permet de me fidéliser plutôt que de prendre le risque que je parte chez la concurrence. Bien évidemment, plus petit sera le rabais, mieux ce sera pour mon opérateur…

J'ai donc essayé de négocier pour obtenir un rabais de 150€ et avoir mon téléphone à 1€, cela n'a pas marché et on ne m'a proposé que 87€ de rabais. C'est moins que prévu, mais 87€ d'économisés en 30 minutes de négociation, cela reste intéressant.

Pour mon opérateur téléphonique comme pour moi :

- **Pour moi :** j'ai acheté mon téléphone 63€ au lieu de 150€

- **Pour mon opérateur téléphonique :** En me gardant 18 mois de plus chez eux, mon opérateur évite que j'aille dépenser mon argent chez la concurrence...

À retenir

Ne pas négocier, c'est laisser un gâteau sur la table sans en réclamer la moindre part. Vous pouvez me dire : oui, mais pourquoi une grande entreprise (comme mon opérateur téléphonique dans mon exemple) accepterait de partager le gâteau de profit avec vous ?

Tout simplement, car vous avez plus de pouvoir que vous ne le pensez. Vous pouvez aller voir la concurrence… Vous pouvez parler sur votre blog de l'entreprise qui ne vous fait aucun cadeau après plusieurs années de clientèle fidèle ou tout simplement discuter de cela avec vos amis…

Bref, qui ne tente rien n'a rien, donc pensez à négocier au quotidien, même si le rapport de force ne penche pas en votre faveur au premier regard. Vous seriez sans doute surpris des résultats obtenus.

PRÉPAREZ VOTRE NÉGOCIATION

« Tout le succès d'une opération réside dans sa préparation »

Sun Tzu, L'art de la Guerre

Le saviez-vous ? Seuls 10% du succès d'une négociation repose sur le face à face avec votre interlocuteur, et 90% reposent sur la préparation de la négociation[1]. Indépendamment de vos qualités de psychologues ou d'orateurs, ne pas préparer une négociation, c'est rater une négociation.

Bien négocier, c'est d'abord savoir ce qui est possible d'obtenir à l'issue de la négociation, ce qui implique de vous être renseigné sur le produit ou le service voulu, ainsi que sur votre interlocuteur. Bien négocier, c'est aussi être crédible, car sans crédibilité, votre interlocuteur ne vous prendra pas au sérieux.

Soyez crédibles avant de négocier

Indiquez des alternatives existant chez les concurrents de votre interlocuteur, ce qui vous aidera à bien négocier. Les gens négocient d'autant plus facilement s'ils savent qu'il y a de la compétition en jeu.

Ainsi, il y a quelques mois, j'ai acheté une valise dans un marché à Pékin. Pour obtenir un bon prix, j'ai négocié le prix d'une valise chez un vendeur. Puis j'ai été voir un autre vendeur en disant « le vendeur là-bas m'a proposé tel prix, que pouvez-vous me proposer » et ainsi de suite jusqu'à ce que les vendeurs me proposent un prix plancher (prix minimum auquel ils acceptent de me vendre la marchandise). Au final, j'ai pu acheter une valise à un prix très bas.

Idée à retenir : Préparer votre négociation augmentera les économies vos chances de réussir vos négociations. Dans ce but, pensez à faire des recherches, à vous entrainer en face de votre miroir ou d'un ami pour apprendre à parler avec la bonne intonation, à fixer le regard, au bon rythme… Négocier ce n'est pas que dans les mots, c'est aussi adopter une gestuelle qui donne de l'emphase à vos propos.

Renseignez-vous sur les règles non écrites

De même, **habillez-vous selon le *dress-code* en vigueur** (vous aurez plus de crédibilité pour négocier une voiture en étant bien habillé qu'en portant un jogging…), soyez poli… N'hésitez pas à acheter un bouquin sur la communication (communication verbale et non-verbale) pour vous aider à vous améliorer sur ce point.

Faites preuve d'empathie

Négocier implique également de **vous mettre à la place de l'autre**, de savoir ce qui est important pour lui, et de savoir donner du leste pour que chacun y retrouver son compte à la fin (accord « Win/Win » ou « gagnant/gagnant »).

Par exemple, vous souhaitez acheter un produit onéreux, et vous savez que le vendeur est pressé de vendre. C'est un facteur de négociation important, qui vous permettra d'obtenir un bon rabais si vous lui prouvez que vous pouvez acheter rapidement.

Comment lui prouver cela ? Demandez un accord de prêt préalable auprès de votre banque et montrez au vendeur l'accord signé par le banquier. Vous êtes crédible désormais, vous avez désormais le pouvoir de négocier un bon prix, car plus que le prix, votre interlocuteur valorise une vente rapide et sait que vous avez les moyens d'acheter rapidement son produit…

Négocier n'est pas difficile dans l'absolu, mais cet exemple montre que bien négocier se prépare dans les coulisses, bien avant le face-à-face final : appeler votre banquier pour fixer un rendez-vous, négocier un accord de prêt auprès de votre banquier…

Vous achetez une voiture ? En l'achetant à la fin de l'année ou de trimestre, vous savez que les vendeurs un peu en dessous de leur objectif (annuel ou trimestriel) seront davantage enclins à vous consentir un rabais.

D'autant plus qu'ils intègrent d'office un rabais dans le prix de vente – en général, le prix initial est toujours plus élevé que le prix souhaité pour le vendeur, car il intègre une marge de négociation.

Ainsi, si le vendeur souhaite vendre sa voiture 15 000€ (avec un prix minimum à 14 500€), il vous demandera peut-être 15 500 ou 16 000€. Si vous ne négociez pas, c'est tout bonus pour lui.

Si vous négociez, vous gagnez d'office 500 à 1000€ sans qu'il ne perde rien au passage (car son objectif de vente est de 15 000€). Vous pouvez même négocier plus, si vous négociez bien.

Si le vendeur voit que vous n'achèterez qu'à 14 800€, mieux vaut pour lui qu'il accepte ce prix, vende la voiture et touche ses 300€ de marge plutôt que de ne rien vendre du tout…

Synthèse - Premiers pas pour bien négocier

Vous avez compris que pour qu'une négociation soit possible, il faut que :

1. Votre interlocuteur ait un pouvoir de négociation (pas ou peu de supérieurs hiérarchiques, marge de manœuvre pour pouvoir négocier). Un banquier peut négocier pour son dossier auprès de ses supérieurs, il peut supprimer les frais bancaires. Le patron d'un magasin indépendant peut vous donner un rabais sur un vêtement. La caissière d'une chaîne en franchise ne peut rien pour vous.

2. Le rapport de force ne vous soit pas trop défavorable : cela signifie négocier avant de signer un contrat (après signature, pourquoi l'autre ferait des concessions), et étudier le rapport de force. Un petit producteur n'a pas beaucoup de force par rapport aux centrales d'achats des grands hypermarchés. À l'inverse, des grandes marques comme Coca-Cola ou Ferrero (Nutella) ont un rapport de force favorable par rapport aux mêmes centrales, car aucun hypermarché ne peut se passer de Coca-Cola ou de Nutella au risque de perdre ses clients.

Utilisez tout pouvoir à votre disposition pour augmenter le rapport de force en votre faveur.

3. À la fin d'une négociation, chacun doit y trouver son compte : dans mon exemple sur le téléphone portable, j'apporte ma fidélité à mon opérateur téléphonique et en retour mon opérateur m'apporte un rabais. Dans d'autres cas, le commerçant vous donne un rabais, il réalise en contrepartie la vente et/ou une fidélisation de client.

Pour le commerçant, mieux vaut gagner moins que ne rien gagner du tout… Au final, chacun retrouve son compte au terme de la négociation.

4. Préparez votre négociation : avoir des arguments crédibles vous permet de mieux négocier. Si vous apportez un devis d'un concurrent, vous serez mieux à même de négocier :

1) Vous montrez que vous êtes crédible et que vous savez de quoi vous parlez lorsque vous négociez.

2) Cela permet à votre interlocuteur de convaincre plus facilement sa hiérarchie à consentir un rabais (car la demande de négociation s'appuie sur des faits et des preuves tangibles)

3) Vous apportez à votre interlocuteur un bénéfice supplémentaire sur un plateau : la grille tarifaire de son concurrent.

Maintenant que nous avons vu les grandes bases et les grandes étapes pour bien négocier, il est temps de passer à l'étape supérieure, à savoir nous allons voir ensemble des points plus techniques (que j'ai étudié dans mes cours de négociation dans le cadre de mon MBA) pour réussir au mieux vos négociations.

COMPRENEZ LES BESOINS DE VOTRE INTERLOCUTEUR

« Connais l'adversaire et surtout connais-toi toi-même et tu seras invincible »

Sun Tzu, l'art de la Guerre

Négocier est un jeu qui se négocie à deux. Pour bien négocier, mettez-vous à la place de votre interlocuteur et tentez de comprendre ce qui est important pour lui. Imaginons que vous achetez une voiture. Imaginons que les points les plus importants pour chacune des 2 parties sont les suivants :

Vos points les plus importants	Les points les plus importants du vendeur
1. Prix bas de la voiture	1. Vendre la voiture rapidement et se rapprocher de la position du gagnant du concours vendeur et gagner le 1er prix : le dernier gadget électronique à la mode.
2. Faible Consommation en carburant	
3. Avoir la voiture rapidement	2. Vous vendre un crédit à la consommation et toucher une prime au passage.
4. La couleur de votre choix (bleue)	3. Vendre ce modèle de couleur jaune qui n'arrive pas à partir et s'en débarrasser
	4. Un bon prix (et toucher un bonus)
	5. Haute consommation de carburant (4*4, pickup…)

Si vous ne cherchez pas à comprendre votre interlocuteur, vous achèterez la voiture au prix affiché, alors que si vous cherchez à comprendre votre interlocuteur (en discutant avec lui), vous verrez que le prix n'est pas ce qui compte le plus pour lui, et vous pourrez trouver un accord satisfaisant.

En effet :

- Il touche plus s'il vend un crédit pour la voiture que sur la voiture en elle-même. Le vendeur sera mieux à même de vous proposer un important rabais si vous achetez la voiture à crédit.

- Peut-être que l'année fiscale se termine dans une semaine – et le vendeur souhaite vendre le plus vite possible pour gagner son concours vendeur ou toucher une plus grosse prime.

Dès lors, si vous vous êtes renseigné pour savoir quand le vendeur doit avoir atteint ses objectifs, vous pouvez venir au moment opportun (surtout en période de crise et de ventes faibles) et comprenant ses désirs (vente rapide), vous pourrez obtenir un gros rabais sans grands efforts de négociation, en échange de quoi vous lui achetez la voiture à lui et pas au concurrent, et il touchera sa prime ou son voyage.

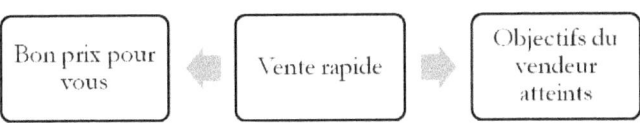

Si vous acceptez d'acheter rapidement, et la voiture jaune, le vendeur sera doublement gagnant. Il sera donc à même de vous proposer un meilleur rabais. Ou vous pouvez accorder un deal du type « la voiture qui consomme peu de carburant » (le facteur carburant est important pour vous, mais pas pour le vendeur) en échange de quoi vous prenez la voiture jaune (le facteur couleur est moins important pour vous que pour le vendeur). **Et ainsi de suite.**

Bref, l'idée, c'est que si vous négociez point par point (prix, puis la couleur du véhicule…), vous aurez un accord « mi-figue, mi-raisin » à la fin, insatisfaisant pour vous comme pour le vendeur. À l'inverse, préférez négocier plusieurs éléments par plusieurs éléments pris comme un tout, en cherchant à faire des concessions avant tout sur les points peu importants pour vous (exemple : couleur de la voiture, avoir la voiture rapidement) en échange de concessions de la part du vendeur sur les points qui sont importants pour vous (le prix et la consommation de carburant).

En agissant ainsi, vous pouvez négocier un accord gagnant/gagnant où chacun a au final, fait des concessions sur ses objectifs mineurs et atteint ses principaux objectifs, sur le principe suivant :

« Maîtriser la négociation, c'est l'art de savoir quoi laisser tomber et quoi retenir »

Guy Cabana

Au lieu de négocier en essayant de s'approprier la grosse part du gâteau, améliorez la taille du gâteau avant de couper les tranches.

Comment savoir ce que souhaite votre interlocuteur ?

« Écoute celui qui parle, car celui qui parle est sourd »

Proverbe Cheyenne

On l'a vu, le secret d'une négociation réussie consiste dans un premier temps à bien préparer votre négociation avant la négociation en elle-même, puis, lorsque vous négociez avec votre interlocuteur, à comprendre quelles sont ses attentes pour négocier un accord global (plutôt que de négocier point par point) où chacun trouve son compte à l'issue de la négociation.

Ça, c'est la théorie. Le problème, c'est que votre interlocuteur ne va pas vous apporter sur un plateau quels sont ses objectifs, ses attentes, ses points forts et ses points faibles. Dès lors, comment négocier au mieux ?

C'est assez simple :

- **Écoutez votre interlocuteur**, ne parlez pas toujours en premier, laissez votre interlocuteur faire le premier pas. Comme au poker, mieux vaut être le deuxième à parler (vous savez ce que votre interlocuteur veut, mais votre interlocuteur ne sait pas encore ce que vous voulez, ce qui vous donne un avantage certain) qu'être le premier.

- **Apprenez à lire le visage de votre interlocuteur** : Certaines études affirment 80 à 90% de ma communication est non-verbale. Sachez reconnaître la communication non-verbale de la personne en face de vous, ou, dans le cas d'une négociation par écrit – apprenez à lire entre les lignes. Cela vous donnera de nombreuses informations sur votre interlocuteur, sur ses attentes…

Enfin, n'oubliez pas : dans une négociation, vous cherchez à lire entre les lignes et savoir ce que veut votre interlocuteur… Mais votre interlocuteur fait sans doute la même chose vis-à-vis de vous… Apprenez donc à ne pas être trop expressif et trop communicatif, ne parlez pas trop (toute information peut être utilisée contre vous) et apprenez à écouter au maximum.

Par exemple, si vous avez un important besoin d'argent (licenciement du conjoint...) et que vous allez demander une augmentation de votre salaire, ne dites pas que vous avez besoin de cet argent, et ce pour deux raisons :

- Seuls les arguments professionnels peuvent être évoqués dans une demande d'augmentation. Vos problèmes personnels n'ont pas leur place dans votre vie professionnelle.

- Dire que vous avez besoin de plus d'argent. C'est reconnaître une faiblesse, faiblesse qui pourra être retournée contre vous. En simplifiant, votre patron peut vous répondre : « Votre cadeau est de rester chez nous, sinon *bye bye* », car il sait que le rapport de force joue en sa faveur.

À l'inverse, le type qui a plus d'argent qu'il n'en faut et qui demande une augmentation aura plus de chance de l'obtenir, car il aura plus de crédibilité (le patron sait qu'au pire, il peut démissionner, car il a suffisamment d'économies) et un rapport de force plus en sa faveur…

À retenir

Pour bien négocier, négociez quelque chose dont vous souhaitez obtenir, mais dont vous n'avez pas (encore) besoin, **pour avoir un rapport de force qui vous est plus favorable.**

Cela implique de savoir anticiper, et de ne pas attendre le dernier moment pour négocier, afin de toujours disposer de plans B.

Enfin, écoutez votre interlocuteur, mettez-vous dans sa peau, faites preuve d'empathie et cherchez à répondre à ses attentes. Si votre interlocuteur voit que vous vous intéressez à lui, il sera d'autant plus à même de vous écouter et prendre vos attentes en considération.

Petite parenthèse : pourquoi les riches deviennent plus riches, et les pauvres plus pauvres ?

Avant de continuer la suite de ce livre sur la négociation, laissez-moi ouvrir une petite parenthèse pour vous expliquer à quel point savoir anticiper vous aidera, dans vos négociations et dans la vie en général.

En cette période de crise, on parle souvent d'inégalités de richesse, avec des riches qui sont de plus en plus riches et des pauvres qui sont de plus en plus pauvres. Savez-vous pourquoi les riches deviennent plus riches et les pauvres plus pauvres ? Les raisons sont multiples, en voici quelques-unes :

Raison n°1 : Avoir le luxe de pouvoir dire non

Si vous avez peu de marge de manœuvre financière et que vous échouez dans votre demande d'augmentation, vous ne prendrez pas le risque de démissionner dans cet exemple, car vous n'avez pas de quoi tenir 3 mois le temps de trouver un job mieux payé. Alors que si vous avez suffisamment d'argent, vous pouvez aller voir ailleurs ou encore prendre le temps de créer une entreprise, car vos économies vous permettent de faire face à la situation.

« L'argent, s'il est un mauvais maître, est un très bon serviteur. Il vous permet d'acheter votre liberté… »

Raison n°2 : Pouvoir prendre des risques

Investir 1000€ maintenant pour avoir 1 chance sur 2 d'en gagner 10 000 dans 3 à 5 ans est économiquement intéressant. En multipliant les investissements, les investissements gagnants paient largement les perdants. Si vous avez de l'argent, c'est un excellent investissement. Mais si vous êtes à 100 € près pour finir le mois, investirez-vous 1000 € pour un hypothétique gain qui aura lieu dans 3 ans dans le meilleur des cas ?

Raison n°3 : Disposer d'un réseau de relations intéressantes

Les riches bénéficient en outre d'un réseau de relations pour être au courant des bonnes affaires. Or, le réseau est, avec la connaissance, le meilleur levier de réussite, qu'elle soit économique, culturelle ou sociale[2].

C'est la même chose en séduction : celui qui n'a pas de copine depuis 2 ans sera en manque, et se montrera sans doute « affamé », ce qui ne ravira pas les demoiselles. À l'inverse, celui qui a eu plein de copines dans sa vie a suffisamment confiance en lui, car il sait que séduire n'est pas un problème pour lui.

N'ayant pas la pression, il se permettra de taquiner la fille (dans sa tête : « si elle n'est pas contente, elle peut partir je m'en moque, je n'ai aucun mal à séduire»), de la provoquer un peu, de la séduire sans la séduire… Et comme la fille voit qu'il a plein de confiance en lui, qu'il n'essaie pas de la séduire à tout prix comme un lourdingue… elle le trouve plus séduisant. Et il devient un challenge pour elle… et elle voudra le séduire :)De plus, ce genre d'hommes a en général plein d'amies, ils ont beaucoup plus d'opportunités de rencontrer quelqu'un d'autre.

Enfin, celui qui a déjà une copine connaît mieux la psychologie féminine et saura séduire d'autant plus facilement.

Synthèse

Bref, que ce soit en domaine de séduction, d'argent ou n'importe quel autre domaine, la vie fait que ceux qui ont le plus auront le plus, et ceux qui ont le moins auront encore moins. C'est injuste, mais c'est comme ça.

Alors lors de vos négociations, si vous sentez que le rapport de force ne joue pas en votre faveur, ne laissez pas votre interlocuteur comprendre que vous avez besoin de lui-même même si c'est le cas. Ayez un plan B, bluffez, mettez en avant vos idées fortes, vos points forts, et surtout… apprenez à écouter… Bref, faites en sorte d'avoir l'ascendant et le contrôle de la situation.

Anecdote : Il y a quelque temps, j'étais à découvert et voulais absolument qu'un contrat publicitaire sur un de mes sites Internet se concrétise pour renflouer mon compte en banque. Bien sûr, je n'ai pas du tout fait transmettre ce message auprès de mon interlocuteur – il aurait pu jouer cet argument contre moi en revoyant son prix à la baisse, me sachant aux abois. Au contraire, j'ai pris le luxe de négocier le contrat pour le faire passer de 200€ à 275€, quand d'autres auraient accepté la première offre venue pour en finir et toucher l'argent au plus vite… **Bilan : 75€ de gagnés.**

COMPRENEZ LES ENJEUX
SOUS-JACENTS

« Une négociation réussie consiste à chercher un gain mutuel. »

Guy Cabana

La négociation a lieu partout : décider dans quel restaurant manger avec vos amis (italien ou chinois), savoir où vous allez partir en vacances (mer ou montagne)… Que vous négociez pour de l'argent ou d'autres choses, **comprendre les enjeux sous-jacents** (les motivations profondes de votre interlocuteur) vous permettra de mieux négocier.

Exemple de négociation n°1 : Le choix des vacances

Par exemple, imaginons que vous souhaitiez partir en vacances avec un ami. Vous souhaitez partir au bord de la mer, lui souhaite partir au bord de la montagne. Plusieurs cas de figure sont possibles :

- **Échec de la négociation :** Vous n'arrivez pas à vous mettre d'accord sur où partir en vacances, et vous partez chacun de votre côté dans votre coin.

- **Négociation Gagnant/Perdant :** Vous acceptez de partir à la montagne, alors que vous n'aimez pas cela pour faire plaisir à votre ami (ou inversement). Vous partez ensemble, mais ce choix de lieu de vacances entraînera des tensions dans votre groupe.

- **Négociation mi-figue/mi-raisin :** Vous décidez de partir 1 semaine à la mer et 1 semaine à la montagne, pour faire plaisir à chacun d'entre vous. À la fin des vacances, vous ne serez donc satisfait qu'à moitié.

- **Négociation bancale :** Vous partez sur la Côte d'Azur, car la mer se trouve près de la montagne. Mais passer chacun les vacances de son côté (lui dans l'arrière-pays, vous sur la côte) ce n'est pas l'idéal quand on part en groupe…

Il y a pourtant mieux à faire.

Cherchez à comprendre les enjeux sous-jacents de votre ami. En discutant avec votre ami, peut-être que vous allez réaliser qu'il aime la mer, mais qu'il n'aime pas bronzer et préfère faire de l'exercice physique. Dans ce cas, une bonne négociation consistera à proposer des vacances sportives au bord de la mer à votre ami.

Peut-être que votre ami, en discutant avec vous, réalisera que vous vous en fichez de la mer, mais que vous adorez faire de la planche à voile. Dans ce cas, il pourra vous proposer de partir à la montagne au bord d'un grand lac où vous pourrez faire les sports nautiques que vous aimez.

Bref, en cherchant à comprendre les vraies attentes de votre ami, par exemple en suivant la méthode des 5 pourquoi (www.bit.ly/1lHNdcx), vous allez pouvoir trouver un accord satisfaisant ou chacun retrouvera son compte :

Négociation sur le lieu de vacances

Lieu de vacances	Vous	Votre ami
Chacun de votre côté	😐	😐
Au bord de la mer	🙂	🙁
À la montagne	🙁	🙂
Côte d'Azur	😐	😐

Négociation en fonction des attentes sous-jacentes de votre ami

Lieu de vacances	Vous	Votre ami
Vacances sportives au bord de la mer	🙂	🙂
Vacances au bord d'un lac de montagne	🙂	🙂

Exemple de négociation n° 2 : La guerre du Kippour

La négociation est présente partout : dans le commerce, dans la vie courante, ou encore dans le domaine politique. Voici pour vous un exemple de négociation, une négociation dans le domaine politique, pour vous montrer à quel point il est important de comprendre les attentes sous-jacentes de votre interlocuteur.

Historique de la guerre du Kippour

Au début des années 1970, Israël se faisait attaquer de toute part, et l'Égypte et Israël se sont fait la guerre pour prendre le contrôle du Sinaï lors de la guerre du Kippour, en 1973.

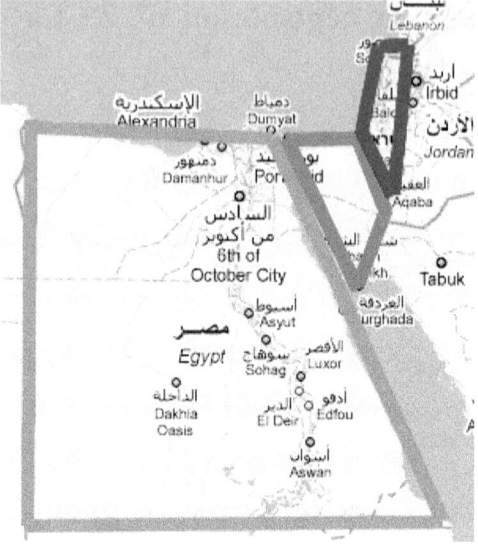

Légende :

Égypte continentale   Sinaï   Israël

Dans le cadre d'un partage de territoire traditionnel, voici les différentes alternatives qui se présentaient :

	Égypte	Israël	Satisfaction globale
Sinaï donné à l'Égypte	☺	☹	😐
Sinaï donné à Israël	☹	☺	😐
Sinaï coupé en deux	😐	😐	😐

On le voit, soit il y a un mécontent (celui qui perd la négociation) soit on coupe la poire en deux (Sinaï-Ouest pour l'Égypte, Sinaï-Est pour l'Israël), ce qui fait deux pays peu satisfaits…

Ne peut-on pas trouver mieux ? Si, en communiquant et en cherchant les enjeux sous-jacents à chacun des 2 pays pour trouver un accord où tout le monde y trouve son compte.

Ici, on le voit, l'objet des tensions et de la satisfaction des deux pays repose dans le contrôle du Sinaï. **C'est la première raison.** Pour pouvoir aller plus loin quand vous négociez, creusez et cherchez la cause première des motivations de votre interlocuteur.

Dans notre cas de figure, demandons-nous pourquoi les deux pays veulent à tout prix disposer du Sinaï. Admettons (*l'objet du livre n'est pas d'expliquer la géopolitique, mais de montrer que la négociation est présente partout, même en géopolitique, et de vous apprendre comment négocier*) que grâce à la méthode des 5 pourquoi[3] on en déduit que les principales raisons pour lesquelles chacun des pays veuille le Sinaï sont les suivantes :

Égypte	Israël
1. Garder l'unité de son territoire. 2. Sinaï était une terre Égyptienne à l'époque des pharaons	1. Disposer d'une bande de désert de 200 kilomètres de large inhabitée, ce qui laisse le temps à Israël de voir si l'Égypte tente de l'attaquer (bande tampon)

Bien que les 2 pays veulent la même chose (Sinaï), les 2 enjeux sous-jacents sont différents... Au lieu de chercher à savoir comment on découpe le Sinaï, mieux vaut s'attaquer aux attentes sous-jacentes du conflit et trouver un terrain d'entente.

En l'occurrence, qu'est-ce qui s'est passé pour mettre fin au conflit ?

Sinaï a été donné à l'Égypte (unité territoriale et terre Égyptienne) et échange de quoi l'Égypte a garanti à Israël de démilitariser la zone et qu'il n'y ait ni militaires, ni casernes dans la zone... La zone a été complètement démilitarisée depuis 1979 durant plus de 30 ans... jusqu'au 7 février 2011 ou l'Égypte a exprimé son souhait de remilitariser la zone.

Mais durant plus de 30 ans, l'accord conclu a été satisfaisant pour les 2 parties, répondant à leurs attentes respectives.

	Égypte	Israël	Satisfaction globale
Sinaï donné à l'Égypte. Zone démilitarisée	☺	☺	☺

À retenir

Plutôt que de négocier point par point, ce qui aboutira inévitablement à des échecs de négociation, comprenez les besoins sous-jacents de votre interlocuteur, soyez créatif et trouvez des solutions innovantes en dehors des sentiers battus[4], ce qui vous permettra de trouver une solution optimale gagnant/gagnant pour vous et votre interlocuteur.

FIXEZ-VOUS DES OBJECTIFS

« Celui qui n'a pas d'objectifs ne risque pas de les atteindre. »
Sun Tzu, l'art de la Guerre

« Il n'est pas de vent favorable pour celui qui ne sait pas où il va »
Sénèque

À ce stade du livre, vous avez désormais compris quelles sont les grandes étapes et techniques à connaître pour bien négocier. Mais ce n'est pas suffisant.

Laissez-moi-vous raconter une erreur de négociation que j'ai faite durant longtemps, et comment éviter de reproduire la même erreur.

À titre personnel, lorsque je négociais un prix, je voulais tout simplement obtenir un prix plus bas, et était content dès lors que le vendeur consentait à m'offrir un rabais. Bref, je négociais normalement, mais sans but défini…

Sur le principe, je faisais certes des économies en négociant, mais pas autant que j'aurai dû le faire si je m'étais fixé un objectif. Alors que si je m'étais fixé un objectif de négociation ambitieux, mais atteignable, j'aurai négocié âprement avec le vendeur jusqu'à obtenir un *deal* correspondant à l'objectif que je me suis fixé.

Et si le vendeur n'était pas d'accord, et bien… il m'aurait tout simplement suffi d'aller voir un autre vendeur, jusqu'à en trouver un avec qui je puisse négocier un bon accord.

Idée à retenir : La moralité, c'est que dans toute négociation, il vous faut vous fixer des objectifs afin de bien réussir votre négociation.

Les 3 objectifs de négociation à vous fixer

Fixez-vous des objectifs, un plan B et une limite d'acceptabilité vous permet de mieux négocier. En effet :

- **Il vous faut vous fixer un minimum acceptable pour être sûr de ne pas partir avec un mauvais accord.**

Mieux vaut partir sans accord qu'avec un mauvais accord. Par exemple, si vous vendez votre voiture et souhaitez en tirer admettons 2 500€, dites-vous « le minimum du minimum, c'est 2000€ ». Si un acheteur potentiel vous propose 1999€, refusez, puisque « 2000€ c'est le minimum du minimum. Cela évite d'accepter un accord inacceptable et de le regretter une fois l'accord conclu. L'exemple peut vous sembler extrême (pour un euro près), mais si vous acceptez 1 999, pourquoi ne pas accepter 1 998€ et ainsi de suite et vous ne vous en sortirez plus.

Bref, fixez-vous un engagement avec vous-même et respectez-le.

1. Fixez-vous un objectif minimal. Dans votre exemple, vous vous dites : « je veux la vendre au moins 2 500€ ». Si vraiment je dois la vendre 2 000€, je le ferai, en dessous, c'est *niet*, mais normalement, la négociation ne doit pas tomber en dessous de 2 500€.

2. Fixez-vous un objectif idéal. Par exemple, vous estimez que votre voiture vaut 2 500€. Fixez-vous l'objectif de la vendre 3 000€. Si vous la vendez 3 000€, vous serez aux anges. Si on négocie, vous avez déjà 500€ de marge de manœuvre avant que vous vendiez « à perte ».

À retenir

Pour bien négocier, il faut :

- **Maitriser des techniques de base** : communication verbale et non verbale, comprendre les besoins de l'autre…

- **Bien préparer votre négociation** : 90% de la réussite d'une négociation réside dans sa préparation).

Pour autant, pour éviter de repartir la queue entre les jambes (mauvais accord…) pensez toujours à vous fixer des **objectifs de négociation**, avec lesquels vous serez intransigeant.

Ne l'oubliez pas : mieux vaut apprendre et savoir dire non[5] qu'accepter un mauvais accord à vos dépens.

Les objectifs que vous devrez vous fixer avant toute négociation seront :

- **Négociation idéale** : ce que vous souhaitez dans le meilleur des mondes, dans l'exemple précédent : 3 000€.

- **Négociation moyenne** : ce que vous souhaitez dans l'absolu : 2 500€.

- **Minimum acceptable** en dessous duquel vous refuserez l'offre de votre interlocuteur - dans l'exemple précédent : 2 000€.

Maintenant que nous avons vu les 3 objectifs de négociation à vous fixer, nous allons voir maintenant comment négocier au mieux, dans le but de récupérer une plus grande part du gâteau…

Truc 1 : Calculez votre marge de négociation

En négociation, l'accord final est généralement 50/50 entre la première offre de chacun des intervenants. Si vous voulez vendre votre voiture 3000€ et que votre interlocuteur vous dit « 2000€ », ne dites pas « 3000€ » au risque que le deal se termine autour de «2500€ ». Dites plutôt une valeur un peu supérieure, par exemple « 3 500€ » ou « 4 000€ », ce qui vous donnera une plus grande marge de manœuvre.

N.B : Restez crédible dans votre première offre. Indiquer un prix bien trop élevé en première offre (dans l'exemple précédent : 5 000€) vous fera perdre toute crédibilité et risquera d'effrayer les acheteurs potentiels, ou tout simplement d'effrayer votre interlocuteur. Vous pouvez proposer une première offre plus chère que le prix du marché (pour disposer d'une marge de négociation), mais soyez raisonnable malgré tout.

Truc à retenir si vous êtes vendeur: La connaissance, c'est le secret de la réussite. Discutez avec vos amis du rabais moyen qu'ils ont lorsqu'ils achètent ou vendent un produit donné et rajoutez ce rabais dans votre annonce. Vous savez que le produit X se négocie en moyenne avec 20% de rabais et vous voulez vendre le produit X ?

Si vous voulez en tirer 800€, mentionnez un prix initial de 1.000€. Un prix suffisamment élevé pour vous garantir une solide marge de négociation sans pour autant rebuter les acheteurs potentiels.

Truc à retenir si vous êtes acheteur : À l'inverse, si vous êtes l'acheteur, si vous voulez ne payer que 800€ et que le vendeur vous propose 1 000€, suivant la règle du 50/50, proposez en première offre un prix de par exemple 600€, ce qui vous donnera 200€ de marge de manœuvre pour vous permettre d'obtenir un prix final de 800€ ou moins.

Truc 2 : Ne faites pas une concession contre vous-même

Pour bien négocier, il faut accepter de faire des conccssions. Après tout, la négociation est un jeu qui se joue à 2 ou +, et chaque personne voudra faire un deal satisfaisant, donc sans concessions, une négociation ne peut pas réussir…

Toutefois, ne faites jamais de nouvelle concession avant que votre interlocuteur ne vous fasse une contre-offre à son tour.

Par exemple : si vous dites 3500, l'acheteur vous dit 2 000, vous pouvez répondre, par exemple, 3 300. Si l'acheteur vous propose 2 200, vous pouvez continuer à négocier (il fait une concession en vous offrant 200€ de plus que dans son offre précédente, vous faites une concession en lui proposant un prix 200€ moins cher et proposer par exemple 3 100€ en nouvelle offre, c'est équitable). S'il vous dit, non 2000, ne dites pas 3 100. Dans ce cas, vous offrez 200 euros de remise supplémentaire sans contrepartie de votre interlocuteur…

Dites que vous restez sur votre position (3 300) et attendez une nouvelle offre de sa part avant de continuer. S'il ne veut pas faire de concession, préférez arrêter de négocier. Comme je vous le disais avant, mieux vaut ne pas conclure une négociation qu'obtenir un mauvais deal à la fin de votre négociation…

Idée à retenir : Ne négociez jamais contre vous-même. Toute concession de votre côté doit se traduire par une concession de votre interlocuteur en retour.

Truc 3 : L'ancrage des prix

Dans notre exemple, vous voulez vendre votre voiture au moins 2 500€, et idéalement 3 000€. Vous proposez en première offre à l'acheteur 3 500€, dans le double but de :

1. Disposer d'une marge de négociation : en proposant votre voiture 500€ de plus que le prix que vous souhaitez obtenir, vous disposez d'une marge de négociation appréciable

2. Augmenter la perception de valeur du client : le premier prix que vous proposez « ancre » la négociation[6]. Si vous proposez un prix élevé et à un prix qui n'est pas rond[7], cela augmentera la perception de la valeur de votre voiture vis-à-vis de l'acheteur potentiel.

Pourquoi ? Car la majorité des consommateurs associent un prix élevé à une qualité élevée. C'est un peu comme le parfum : indépendamment de l'odeur d'un parfum, plus un parfum est cher, plus les gens penseront que la qualité du parfum est élevée et donc plus un parfum est vendu cher, mieux il se vendra… à tel point que lorsque BIC lança son parfum à prix cassé en 1988, ce fut un échec commercial, en raison notamment de… son prix trop bas.

En savoir plus

Dans l'exemple de votre voiture, si vous proposez un premier prix 15~20% supérieur au prix du marché - 3 500€ au lieu de 3 000€ - , l'acheteur associera ce surcoût à une bonne raison (ah oui, la voiture est en très bon état, le vendeur en a sans doute pris soin c'est pour cela qu'il la vend plus cher...) ce qui vous permettra de négocier un prix plus élevé à l'issue de la négociation.

Truc n°4 : La technique de l'entonnoir

Si l'acheteur souhaite acheter au maximum sa voiture à 3 000€ et que vous souhaitez la vendre au moins à 2 500€, il y a un terrain d'entente possible (2 500 à 3 000€) qui ne sera atteint qu'à l'issue de la négociation. Votre but à l'issue de la négociation : 3 000€, son but : 2 500€.

Si le prix de vente est de 2 750€, la négociation est parfaitement équilibrée (vous gagnez 250€ de plus que voulu, l'acheteur paie 250€ de moins que voulu). Si le prix de vente est > 2 750€, le vendeur (vous) récupérez la plus grosse part du gâteau.

Par exemple, si vous vendez la voiture 2 900€, vous gagnez 400€ (2 900€ au lieu de 2 500€ voulu), l'acheteur ne gagne lui que 100€ (2 900€ au lieu de 3 000€ de budget). Inversement, si le prix de vente < 2 750€, c'est l'acheteur qui sera gagnant au final, récupérant l'essentiel de la valeur ajoutée générée par la vente de la voiture.

Grâce à votre premier prix élevé (ancrage des prix), votre but est que la négociation se termine plus près de 3 000€ (votre but) que de 2 500€ (le but de votre acheteur). Dans le but de récupérer la plus grosse part du gâteau, il faut apprendre à bien négocier.

Or, lors des négociations, certaines personnes vont toujours faire le même rabais. Peut-être qu'au moment des négociations, vous allez proposer en première offre 3 500€, puis lors de votre seconde offre 3 300, puis 3 100€, comme le montre le schéma ci-dessous :

3 500€	➡	3 300€	➡	3 100€

Le problème, c'est que votre interlocuteur se dira : il m'offre 200€ de rabais à chaque fois... c'est qu'il doit avoir de la marge. Autant faire marcher les négociations le plus longtemps possible pour obtenir autant de fois 200€ de rabais supplémentaires...

À l'inverse, si vous utilisez la technique de l'entonnoir, à savoir si vous proposez des rabais de plus en plus faibles (exemple : 3 500 > 3 300 > 3 150 > 3 100), vous montrez à votre interlocuteur qu'il approche de la limite de l'acceptable et qu'il n'y a pas grand-chose de supplémentaire à tirer de la négociation.

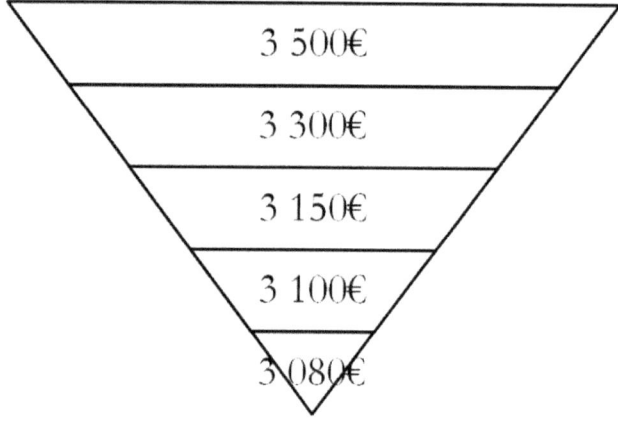

En utilisant la technique de l'entonnoir, vous montrez à l'acheteur qu'il sera difficile d'obtenir 2 500€ (dans sa tête 3 500 → 3 300 → 3 150, après ce sera quoi ? 3 100 → 3 050 → 3 030 ?). Par manque de temps ou de courage, il est fort à parier que sitôt votre offre sera inférieure ou égale à 3 000€, il achètera la voiture.

Peut-être tirera-t-il le prix à la baisse à 2 950€ ou 2 900€. Mais peut-être aussi qu'impatient, il acceptera l'offre à 3 100 ou 3 200€, en se disant : OK je mets 100/200€ de plus et elle est à moi.

En effet, il faut savoir que la majorité des acheteurs acceptent de payer plus cher que leur budget prévu si vous leur donnez de bonnes raisons de le faire, par exemple :

- En créant l'envie (vendre une voiture nettoyée juste avant la visite).
- En fixant une perception de valeur élevée (ancrage des prix).
- En étant un négociateur talentueux.

À retenir

La méthode de l'entonnoir (concessions de moins en moins importantes au cours de votre négociation), associée à une stratégie d'ancrage de prix et des objectifs de négociation vous aidera à vendre votre voiture à un bon prix.

Alors lors de vos négociations, n'oubliez pas d'utiliser la méthode de l'entonnoir, pour faire comprendre à l'acheteur potentiel qu'il n'a plus grand-chose à négocier et qu'il est temps d'accepter votre offre…

Tandis que si vous proposez une baisse uniforme, votre interlocuteur continuera de négocier, car il voit que vous êtes prêt à descendre toujours plus bas.

LA NÉGO, C'EST PAS UNE QUESTION D'ÉGO

À ce stade du livre, vous devriez désormais savoir comment bien négocier. Mais négocier ne marche pas à tous les coups. Pour augmenter vos chances de réussir vos négociations, alors sachez que pour qu'une négociation soit réussie, il faut une atmosphère de confiance, d'écoute, de respect mutuel…

La négociation ne se fait pas uniquement sur le fond, mais sur la forme également. Vous négociez le fond, mais ne braquez pas votre interlocuteur sur la forme que vous employez. Bref, négociez avec votre interlocuteur sans attaquer son égo (pour ne pas brusquer votre interlocuteur).

Pour cela :

1. Ne critiquez pas la personne, mais seulement le produit/service/comportement que vous cherchez à négocier.

Ne dites pas « c'est nul » (jugement péremptoire : qui êtes-vous pour juger ?), mais « je n'aime pas, pourrais-je avoir » (vous donnez votre avis). Par exemple, si vous cherchez à négocier quelque chose dans un hôtel (prix, surclassement, changer de chambre...), ne dites pas « cet hôtel n'est pas confortable », ou « cet hôtel est nul » en guise d'introduction à votre négociation, vous risquerez de brusquer l'hôtelier en face de vous.

Dites plutôt «la connexion Internet de l'hôtel ne me permet pas de travailler dans de bonnes conditions alors que vous indiquez sur votre site Internet dispose d'un WiFi gratuit de qualité, que pouvez-vous faire pour m'aider » ou encore « je trouve que ma chambre est trop bruyante, disposez-vous d'une autre chambre moins bruyante ? »

2. Montrez que vous considérez les arguments de votre interlocuteur, utilisez une gestuelle ou un niveau de langage proche du sien.

C'est du bon sens : si vous négociez avec quelqu'un, adaptez-vous à votre interlocuteur. On ne négocie pas de la même manière avec votre femme/mari, votre enfant de 5 ans, votre chef ou votre banquier… L'idée ici n'est pas de singer votre interlocuteur, mais d'instaurer une ambiance chaleureuse, en lui permettant de rester dans sa zone de confort.

À retenir

La négociation est un jeu qui se joue à deux. Il comporte deux grilles de lecture :

- **Le fond** (ce pour quoi vous négociez).

- **La forme** (comment vous négociez).

Il serait extrêmement dommage d'échouer une négociation pour des questions de forme, par exemple si votre interlocuteur pense que vous ne le respectez pas et que vous attaquez son égo.

Pour réussir votre négociation, pensez donc à :

- Ne jamais attaquer l'égo de votre interlocuteur.

- Vous adapter à votre interlocuteur, en adoptant une communication verbale et non-verbale (gestuelle) proche de la sienne, afin de laisser votre interlocuteur dans sa zone de confort.

La méthode sandwich

Certaines personnes acceptent difficilement une remarque quand elle ne va pas dans leur sens… Pour pouvoir bien négocier et faire valoir vos idées sans braquer votre interlocuteur, vous pouvez utiliser une anecdote pour rassurer votre interlocuteur pour lui montrer que beaucoup de produits (et pas seulement le sien) ont ce problème, et utiliser la **méthode sandwich** (remarque positive, remarque négative, puis remarque positive) pour caresser votre interlocuteur dans le sens du poil, puis faire votre remarque, et finir sur un ton positif.

Exemple de négociation : la voiture

Imaginons un vendeur pressé vendant sa voiture. Vous êtes l'acheteur et vous souhaitez obtenir le prix le plus faible possible. La voiture est en bon état et est bien entretenue, mais elle a une rayure. La rayure ne vous pose aucun problème, vous vous en fichez complètement, car votre vision de la voiture, c'est simplement avoir 4 roues et un moteur fiable pour aller du point A au point B en toute sécurité.

Mais votre rapport à la voiture, votre interlocuteur ne le sait pas. Même si vous vous fichez de la rayure, vous pouvez utiliser ce défaut pour négocier un meilleur prix. Vous avez rencontré le vendeur hier pour voir la voiture, et revenez aujourd'hui le voir pour acheter sa voiture.

Vous : « Votre voiture est en bon état et bien entretenue, je vois que vous en avez pris soin et que vous êtes quelqu'un de sérieux » **(Début positif, 1ère étape de la méthode sandwich)**

Vous : « Il y a juste une petite remarque que je voudrais souligner. J'ai vu une grande rayure à l'arrière… Comment c'est arrivé ? » **(Remarque négative, 2ème étape).**

Lui : « Je ne sais pas, je suis allé faire des courses et au retour, ma voiture était dans cet état. Aucun mot, rien. Quelqu'un a sans doute raclé ma voiture… »

Vous : « Je vous comprends… Les gens ne respectent plus rien… Savez-vous qu'il y a quelques mois, il m'est arrivé presque la même chose ? J'ai retrouvé ma voiture avec le rétroviseur extérieur détruit… (**But :** sans raconter votre vie durant des heures, racontez une petite anecdote pour créer de l'empathie avec le vendeur en vous montrant que vous avez les mêmes préoccupations que lui). Mais cette rayure, là ça me gêne… Je me suis renseigné auprès de mon garagiste Renault de Trifouilly-aux-Oies et il m'a indiqué un prix d'au moins 300€ pour réparer la carrosserie (vous montrez votre crédibilité, au besoin montrez le devis ou proposez d'appeler le garagiste)… Mais peut-être que ce sera plus. Je me demandais si vous pouvez faire un geste ».

Lui : « Ce n'est pas la première fois qu'on me fait la remarque… Écoutez… Si vous me la prenez maintenant, je vous fais un rabais de 300€ »

(**Bingo :** Vous avez exploité la rayure pour gagner 300€ de rabais, mais en voulez plus. Vous savez que le vendeur est pressé, utilisez ce levier pour obtenir un prix encore plus bas)

Vous : « Je savais que vous étiez quelqu'un de confiance… J'hésite encore, car si la réparation coûte plus cher que prévu, je n'aurai pas de quoi la réparer. Vous savez, je suis encore étudiant (suscitez son empathie. Ne dites jamais que vous avez plein d'argent ou que votre objectif est de faire de l'achat/revente de voiture…), j'ai tellement de travail pour mes études que je n'ai pas le temps de beaucoup travailler à côté de mes études. Je n'ai pas d'importants revenus (faites en sorte qu'il ait la larme à l'œil). Je ne sais pas quoi faire, j'hésite… Je vais peut-être prendre une photo et la montrer au garagiste pour que je lui demande son point de vue ». Je veux être sûr que la réparation ne coûtera pas plus de 300 euros… (Vous commencez à partir)

Lui : « Attendez… Je vous offre 400€ de rabais et on signe l'accord de vente. Cela vous va comme cela » ?

Vous : « Parfait. J'étais sûr que je pourrais faire affaire avec vous. Je vous remercie beaucoup, à part la rayure, la voiture est vraiment très bien » **(fin positive, 3ème étape)**

Synthèse – méthode sandwich

Résumons la méthode sandwich dans le cadre d'une négociation. Vous voyez un défaut qui a déjà été signalé au vendeur, mais vous vous fichez de ce défaut et ne comptez absolument pas réparer la rayure de la carrosserie. Cependant, vous utilisez cet argument contre le vendeur. Pour ne pas le braquer en lui demandant d'office 300 à 400€ de rabais, vous le caressez dans le sens du poil (vous êtes quelqu'un de sérieux) avant d'indiquer votre problème.

Comme vous vous êtes renseigné, vous êtes crédible et indiquez un coût de réparation (300€ ou plus, réparation que vous ne ferez pas, car vous vous en fichez de la rayure, mais vous voulez 300€ de rabais) qui servira d'ordre de grandeur de rabais pour le vendeur. Vous êtes prêt à acheter la voiture, mais voulez un petit effort supplémentaire. En négociant bien, vous obtenez 300 euros de rabais de la part du vendeur sans même que vous ne les demandiez…

Mais en bon négociateur, vous souhaitez obtenir une meilleure offre. **Bluffez et commencez à partir.**

Si le vendeur ne vous rappelle pas, vous pourrez revenir 2 heures plus tard en disant qu'après discussion avec votre femme/mari (ou votre copain/copine, peu importe), vous êtes d'accord pour le rabais de 300€. Ou tout simplement dire que tout compte fait, vous la prenez. Après tout, vous n'avez pas à mentir ou à justifier de vos choix.

S'il vous rappelle, vous comprenez que le vendeur est pressé. Vous négociez un deal « vous me donnez 100€ de rabais en plus, en échange je vous paie votre voiture cash » en jouant sur l'empathie (je suis étudiant). Et vous finissez par une note positive (merci, voiture très bien). Et vous voilà avec 400€ de rabais…

La stratégie du nibbling

Une fois la négociation terminée, vous pouvez demander un petit supplément (*nibble* ou *nibbling* en anglais) si petit que cela ne vaut pas le coup pour votre interlocuteur de vous dire non pour ne pas prendre le risque de vous perdre[8]. Dit autrement, votre interlocuteur a passé du temps et des efforts avec vous, il sent que la négociation est proche de conclure.

Si vous demandez un tout petit cadeau supplémentaire de rien du tout, il y a de fortes chances qu'il accepte pour en finir (alors que si vous aviez dit dès le départ vos conditions tarifaires, il vous aurait peut-être dit non)

Par exemple, si vous n'aimez pas les enjoliveurs, au moment où vous remplissez le contrat de vente (et avant de le signer), mentionnez au vendeur ce fait. Il est fort à parier que votre interlocuteur, devant faire le choix entre perdre un client et donner 4 enjoliveurs, choisira la seconde solution… Alors que si dès le départ, vous aviez demandé 400€ de rabais plus de nouveaux enjoliveurs, il aurait sûrement refusé…

Si vous avez accès à Internet, je vous invite à interrompre temporairement la lecture de ce livre et de lire l'article web « la négociation en 5 leçons », disponible à l'adresse suivante : www.bit.ly/1qhmPvu

La théorie de l'engagement au service du nibbling

La stratégie nibbling s'applique dans tous les domaines. Exploitez-la avec modération (sans en abuser), car trop demander de petits rabais à la dernière minute peut agacer vos interlocuteurs et vous faire passer pour quelqu'un à qui on ne peut pas faire confiance.

Exemple de nibbling : Participer à une recherche scientifique

Plutôt qu'un long discours, voici un exemple qui vous montre comment fonctionne cette méthode… Aux USA, un professeur d'université a demandé à ses élèves « Qui se porte volontaire pour participer à une expérience de recherche scientifique ». Beaucoup d'élèves ont dit oui, par curiosité ou honneur de participer d'une manière ou d'une autre au progrès.

Deux jours avant l'expérience à proprement parler, le professeur a dit « j'ai oublié de vous préciser l'heure, l'expérience a lieu à 7h du matin. Je suis désolé, mais la salle n'est plus disponible après.
Si vous ne voulez pas venir, car c'est trop tôt, je ne vous en voudrai pas, je comprends ».

L'immense majorité des élèves ayant confirmé leur engagement de participer à l'expérience ont fait l'effort de se réveiller tôt, pour respecter leur engagement. Un premier « oui » (oui je souhaite participer à l'expérience) rend plus difficile un « non » (non, c'est trop tôt). Alors que si le professeur avait dit d'emblée « l'expérience a lieu à 7h du matin, qui est motivé », bien peu auraient accepté.

À retenir

Sans manipuler pour autant vos interlocuteurs, n'abattez pas toutes vos cartes dès le début pour avoir un levier à votre disposition dans votre processus de négociation, notamment à la fin de la négociation…

N'abusez pas trop de cette technique toutefois. Dans l'exemple du professeur, les élèves ne se feront pas avoir une deuxième fois ou demanderont l'heure précise de l'expérience avant de s'engager…

La stratégie du nibbling est très utile si vous négociez en one-shot (le vendeur de maison ou de voiture, vous ne le reverrez sans doute jamais dans votre vie), mais à éviter si vous voulez développer une relation à long terme avec votre interlocuteur… (commerçants de quartier que vous êtes amené à voir régulièrement…)

DOUZE CONSEILS POUR RÉUSSIR VOS NÉGOCIATIONS

« La différence entre la personne qui obtient ce qu'elle veut et les autres n'est pas l'absence de désirs, mais plutôt la non-volonté de négocier »

Guy Cabana

Bien négocier peut vous faire réaliser de solides économies. Voici quelques exemples de négociations que j'ai réussies à titre personnel :

Objet	Prix de départ	Prix négocié	Économie	Temps
Mon ancienne Renault Mégane	2000€	1600€	400€	30 min
Loueur voiture : transformer un supplément kilométrique en forfait kilométrique supérieur	35€	15€	20€	5 min
Un ami : lunettes de soleil Ray-ban	120€	60€	60€	15 min
Négocier la suppression de frais bancaires	40€	0€	40€	15 min
Négocier un discount lors d'un renouvellement d'un téléphone portable	150€	63€	87€	30 min
Demande de geste commercial à mon FAI, car j'ai dû attendre 1 mois avant que ma box Internet fonctionne parfaitement lors d'un déménagement	32€	0€	32€	30 min

Pour vous aider vous aussi à bien négocier et faire des économies au quotidien, voici un résumé sur comment bien négocier en 12 points :

1. Négocier est souvent rentable[9], et vous n'avez rien à perdre à demander un prix plus bas. Gagner 5€ en 10 minutes de négociation, c'est gagner 30 euros de l'heure.

2. Négocier est souvent possible si votre interlocuteur a un pouvoir de décision : commerçant indépendant, banquier… Ne vous mettez pas de barrière mentale en vous disant : non, cela ne marchera jamais. Vous n'avez rien à perdre à tenter votre chance et tout à gagner.

3. Apprendre à négocier est utile pour dépenser moins, gagner plus ou encore dans la vie de tous les jours pour affirmer (je n'ai pas dit imposer) vos idées/points de vue/opinion plutôt que de subir les idées des autres.

4. Pour réussir votre négociation, préparez votre négociation : seuls 10% du succès de la négociation se fait sur le face à face final, et 90% de la réussite d'une négociation se fait dans les coulisses de la négociation (préparation de la négociation).

Demandez des devis aux concurrents, renseignez-vous sur votre interlocuteur, et adaptez-vous à votre interlocuteur et aux circonstances, que ce soit dans votre langage, vos habits…

Au besoin, avant une grosse négociation (voiture, immobilier), entrainez-vous en parlant seul devant le miroir afin d'améliorer votre élocution et gagner en prestance.

5. Faites en sorte que tout le monde ait à gagner à négocier : augmentez la part du gâteau avant de couper les parts.

6. Ne négociez pas point par point, c'est le meilleur moyen de finir sur un deal mi-figue mi-raisin qui ne satisfera personne. Au contraire, négociez une offre contre une autre (exemple : bon prix et consommation de carburant faible contre couleur de la voiture et vente rapide pour le vendeur). Cela implique d'arriver à comprendre la psychologie de votre interlocuteur et de savoir lire entre les lignes.

7. Soyez stratégique : laissez l'autre parler en premier. Si vous devez parler en premier, dites une offre de façon à avoir de la marge de la manœuvre. Vous vendez et voulez obtenir 1000€ ? Dites 1200€ au début, pour avoir 200€ de marge de manœuvre lors de la négociation. Bref, n'abattez pas toutes vos cartes dès le premier round, gardez toujours une marge de manœuvre.

8. Ne faites jamais une contre-offre avant que votre interlocuteur ne fasse de même.

9. Utilisez la technique de l'entonnoir – concessions de plus en plus faibles - pour obtenir une meilleure offre.

10. N'attaquez jamais votre interlocuteur dans son égo. Ne l'attaquez pas dans sa personne – je ne suis pas d'accord avec vous –, mais sur ses idées – je ne suis pas d'accord avec ce prix. Pour bien faire passer la pilule, utilisez la **« méthode sandwich »** (point positif, négatif, puis positif) pour faire votre critique sans susciter une levée des boucliers (début positif) tout en finissant sur une note positive.

11. Suscitez l'empathie, séduisez votre interlocuteur par vote prestance et l'intérêt sincère que vous portez à votre interlocuteur – les gens aiment toujours qu'on s'intéresse à eux. Faites en sorte qu'il ait envie de vous donner ce que vous voulez sans même que vous n'ayez à lui demander.

12. Éventuellement, proposez des choix qui n'en sont pas. Par exemple, ne demandez pas un rabais – si votre interlocuteur vous répond non, que faites-vous ? –, mais dites plutôt « je me demande lequel de ces 2 produits vous pouvez me vendre au meilleur prix ». Vous voulez que votre enfant vienne à table pour manger ? Demandez-lui « tu préfères manger en face de la TV ou en face de la fenêtre » plutôt que « tu veux manger ? » ou « viens manger ». Vous ne donnez pas d'ordre et vous ne laissez pas le choix pour autant.

Cela marche en séduction aussi : ne dites pas « ça te dit une sortie au cinéma ? », mais plutôt « tu préfères venir au cinéma avec moi vendredi ou samedi prochain ? »…

Enfin, vous pouvez utiliser la **technique du *nibbling*** pour tirer un peu la couverture à vous sans trop en abuser au risque de passer pour quelqu'un à qui on ne peut pas faire confiance.

Cette technique doit être utilisée avec modération et seulement lorsque vous négociez avec quelqu'un dont vous n'êtes pas amené à revoir sur le long terme…

En savoir plus sur la négociation

Pour en savoir plus sur la négociation et lire des études de cas pratique de négociations réussies, je vous invite à vous rendre sur Internet et lire les articles suivants :

- *www.bit.ly/1rbvK1t*
  10 conseils pour négocier une augmentation de salaire.

- *www.bit.ly/1pMcQR8*
  Comment négocier ?

- *www.bit.ly/1rbw00o*
  Comment négocier votre achat immobilier.

Faites des milliers d'euros d'économies en négociant votre crédit immobilier

En introduction, je vous avais expliqué qu'un ami a économisé plus de 10 000€ en rachetant son crédit immobilier, car les taux d'intérêt sont, en 2014, historiquement bas.

Si vous avez fait un emprunt immobilier il y a quelques années, sachez qu'il y a de fortes chances que vous pouvez vous aussi faire des milliers d'euros d'économie en renégociant votre crédit immobilier, d'autant plus s'il y a une différence de taux d'intérêt d'au moins 0,5% entre votre crédit immobilier et les taux actuels.

Ce livre ayant pour vocation d'évoquer la négociation en général et pas spécifique à l'immobilier, nous n'aborderons pas plus en profondeur comment renégocier un emprunt immobilier.

Si vous souhaitez en savoir plus sur le sujet - et peut-être économiser des milliers d'euros ainsi - je vous invite à arrêter temporairement la lecture de ce livre, à vous rendre sur Internet et à lire les articles que je vais vous indiquer. Ces articles vous expliqueront comment peut-être économiser des milliers d'euros sur les intérêts de votre emprunt immobilier.

En savoir plus sur la négociation d'emprunt immobilier

- *www.bit.ly/1icsVxa*
  Est-il judicieux de racheter son crédit immobilier [Candix.fr, blog de l'auteur de ce livre]

- *www.bit.ly/1nmlJfb*
  Comment renégocier votre prêt immobilier ? [Lemonde.fr]

- *www.bit.ly/1nkj6JD*
  Renégocier son prêt immobilier [Commentcamarche.net]

- *www.bit.ly/1rbydZH*
  Taux au plus bas : tout ce qu'il faut savoir pour renégocier son prêt immobilier [Atlantico.fr]

- *www.bit.ly/TagIxm*
  Rachat de prêt immobilier : renégociation de taux [Cyberpret.com]

Vous pouvez également me contacter depuis mon blog candix.fr si vous avez une question, je ferai mon maximum pour vous aider et répondre à vos questions.

CONCLUSION

« On négocierait beaucoup plus de choses si on doutait moins de leur impossibilité. »

Guy Cabana

Si l'argent ne fait pas le bonheur – après tout, les choses les plus importantes de la vie comme l'amour, l'amitié, le bonheur ou la santé ne s'achètent pas – une chose est sûre : manquer d'argent n'aide pas à trouver le bonheur, notamment quand on sait que les problèmes d'argent sont souvent l'une des principales causes de stress et de divorce…

Négocier est souvent vu de façon négative (radin) en France, mais c'est une erreur. Savoir négocier, c'est savoir être un bon gestionnaire dans l'âme. Savoir négocier vous permettra de **gagner plus** – vendre mieux, négocier une augmentation à votre patron – et de **dépenser moins** au quotidien. Les économies que vous pourrez réaliser vous aidera à prévoir votre avenir de façon plus sereine, vous gâter, et pouvoir faire plaisir vos proches, vos amis ou votre famille.

Savoir négocier implique également de remettre en cause une proposition qu'on vous fait (proposition qui ne vous plait pas) et de mettre en avant votre argumentaire pour défendre vos propres idées et convaincre vos interlocuteurs.

Apprendre à négocier vous aidera donc à faire des économies, mais aussi à développer votre confiance en vous, et à reprendre le contrôle de votre vie, en cherchant à aller toujours de l'avant plutôt que d'accepter l'ordre établi.

Même si vous n'avez jamais négocié dans votre vie, il n'est jamais trop tard pour commencer et apprendre à bien négocier. **Le jeu en vaut la chandelle.**

Certes, on ne gagne pas à tous les coups en négociant, mais une chose est sûre : « on n'obtient que ce que l'on demande », et toute négociation qui échoue est l'occasion d'apprendre de vos erreurs pour mieux négocier la prochaine fois.

Ce livre est désormais terminé. Je vous remercie de l'avoir lu jusqu'au bout. J'espère qu'il vous a plu et espère qu'il vous aidera à devenir un bon négociateur au quotidien. Si vous avez la moindre question ou remarque, n'hésitez pas à m'envoyer un e-mail - webmaster@anata.fr - je me ferais un plaisir de vous répondre

Martin Kurt

À PROPOS DE L'AUTEUR

Diplômé d'un master à l'ESC Dijon et d'un MBA à University of Kentucky, Martin KURT est aujourd'hui web-entrepreneur, tenant une activité d'édition de sites Internet et de formation en ligne.

Étant également écrivain, Martin KURT est l'auteur de nombreux livres dont la plupart abordent la thématique de l'indépendance financière et des finances personnelles, afin d'aider ses lecteurs à avoir une vie plus épanouie.

LECTURES
COMPLÉMENTAIRES

De nombreuses recherches ont été effectuées dans la cadre de la rédaction de ce livre. Voici quelques lectures de référence pour en savoir plus sur le passionnant sujet qu'est la procrastination

Livre

[0] « Comment réussir une négociation » de William URY

Web

[1] www.techno-science.net/?onglet=glossaire&definition=755

[2] www.candix.fr/2012/11/decouvrez-les-2-cles-de-la-reussite/

[3] www.candix.fr/2010/12/les-5-pourquois/

[4] www.candix.fr/2011/03/think-outside-the-box/

[5] www.vie-explosive.fr/pourquoi-vous-devriez-apprendre-a-dire-non-et-comment-faire

[6] youarenotsosmart.com/2010/07/27/anchoring-effect/

[7] en.wikipedia.org/wiki/Anchoring#Anchoring_in_negotiations

[8] Stratégie nibbling :

business.simplicable.com/business/new/nibble-sales-strategy

[9] www.candix.fr/2011/01/negocier-cest-rentable/

SOURCE DES IMAGES

Image de couverture : Création de Cyril QUIEVREUX

Page 19, 41, 71, 72: Illustrations réalisées par Martin KURT avec le logiciel PowerPoint

Page 56 : Schéma tiré d'une carte Google Maps et retravaillé par Martin KURT

Page 99 : Photo de Martin KURT dans un café de Louisville